NOTICE
SUR LE
PÈLERINAGE
ET
L'ÉGLISE DE NOTRE-DAME-DES-VERTUS
A AUBERVILLIERS

PAR L'ABBÉ COTTIN

PARIS
E. DE SOYE, IMPRIMEUR
2, PLACE DU PANTHÉON, 2
1865

BIBLIOTHÈQUE
A. Dureau
9894

NOTICE

SUR LE

PÉLERINAGE

ET

L'ÉGLISE DE NOTRE-DAME-DES-VERTUS

A AUBERVILLIERS

PAR L'ABBÉ COTTIN

PARIS

E. DE SOYE, IMPRIMEUR

2, PLACE DU PANTHÉON, 2

1865

NOTICE

SUR

LE PÉLERINAGE ET L'ÉGLISE

DE NOTRE-DAME DES VERTUS, A AUBERVILLIERS

Sa Grandeur Monseigneur Darboy, Archevêque de Paris, vient de bénir les travaux de reconstruction de l'Église d'Aubervilliers, exécutés pendant les années 1864 et 1865.

M. Sondumarais, maire de la commune, et M. Escaille, curé de la paroisse, ont rivalisé d'efforts pour que ce jour comptât parmi ceux dont on garde longtemps le souvenir.

Nous avons saisi cette occasion pour publier cette notice. Plusieurs personnes nous ont aidé à réunir les éléments nécessaires à ce modeste travail. Nous prions en particulier M. Hémet qui nous en a suggéré la pensée, Mlle Porchel, ainsi que M. Chouvrou, à l'obligeance desquels nous devons plusieurs renseignements utiles, d'agréer ici nos remerciements.

La France possède, et ce n'est pas une de ses moindres gloires, un grand nombre de sanctuaires dédiés à Marie, que l'ancienne piété, jointe aux faveurs du ciel, a rendus célèbres depuis longtemps.

Le diocèse de Paris, en particulier, qui s'est toujours distingué par sa dévotion pour la sainte Vierge (1), compte

(1) V. Abbon, *Descript. du siége de Paris par les Normands*.

un grand nombre d'églises où la Reine du Ciel s'est plu à répandre ses libéralités et où le peuple se pressait autrefois pour lui rendre hommage (1).

Mais entre toutes ces Églises, la plus renommée est celle d'Aubervilliers, près Paris, qui a reçu le beau surnom de Notre-Dame-des-Vertus, à cause des nombreuses merveilles qui ont témoigné du plaisir que Marie prenait à y être honorée.

Dans un temps où le goût des pèlerinages se réveille, c'est, croyons-nous, servir la piété des fidèles que de faire connaître ce sanctuaire et d'exposer les titres qui le recommandent à leur vénération.

Aubervilliers, compris aujourd'hui dans la banlieue, au nord de Paris, s'étend dans la plaine circonscrite par les territoires de St-Denis, La Chapelle, La Villette et Pantin.

Cette ville, qui compte aujourd'hui plus de 8,000 habitants et possède une église monumentale, n'était, au treizième siècle qu'un obscur hameau et n'avait qu'une simple chapelle dépendante de l'Église Saint-Marcel-les-Saint-Denis (2).

Le nom d'Aubervilliers, qui fut donné dès le principe à ce pays, et qu'il porte maintenant, lui vient, d'après les conjectures les plus probables, d'un certain Albert ou Haubert, qui avait fait bâtir en ce lieu sa maison de campagne (3).

Ce nom changea vers le milieu du quatorzième siècle ; le peuple, qui caractérise si bien ce qu'il dénomme, l'appela village des Vertus, du nom de la Vierge invoquée en ce lieu sous le titre de Notre-Dame-des-Vertus. Touchante appellation donnée par un siècle de foi, et qui s'est con-

---

(1) V. Poiré, *Triple couronne*, traité I, chap. XII.
(2) Lebœuf, *Histoire du diocèse de Paris*.
(3) Villiers, dérivé du mot latin *villa*, qui signifie maison de campagne.

servée jusqu'à nos jours dans le langage du peuple ! Elle résume l'histoire religieuse de ce pays et rappelle les prodiges opérés par la Mère de Dieu.

Ces prodiges ayant été l'origine de la célébrité de cette paroisse et du pèlerinage qui y est établi, il convient de les rapporter ici avec quelques détails. Nous en empruntons le récit à différentes pièces de vers imprimées à la fin du seizième siècle, par un auteur dont nous ignorons le nom, et insérées par le pieux et savant Du Breul dans ses *Antiquités de Paris* (1).

Le premier miracle est de l'an 1338 ; il arriva le second mardi de mai. Voici dans quelles circonstances :

Une jeune fille, nommée Marie, s'était rendue à l'église du village pour y offrir à son auguste patronne un bouquet de flambes (2), quand tout à coup le visage de la statue qui représentait la Mère de Dieu, se mit à suer, suivant l'expression de l'auteur, et à ruisseler de gouttes d'eau. Les premiers témoins de ce phénomène firent sonner les cloches pour l'annoncer aux habitants du village, et la nouvelle s'en répandant aux environs et jusque dans Paris, on vit bientôt accourir à l'église une foule de curieux.

La cour elle-même, émue de ce qu'elle entendait raconter, se transporta à Aubervilliers. On vit alors le roi Philippe-de-Valois et la reine, sa femme, s'agenouiller pieusement devant la statue qui avait paru s'attendrir, et solliciter pour eux et leurs sujets la protection de la Reine du ciel. Ce prince donna en même temps à l'Église deux arpents de bois, et la reine une pièce de drap d'or. Le duc d'Alençon y vint aussi en pèlerinage avec sa femme et ses enfants, ainsi que le Maréchal de France ; et ces deux seigneurs, imitant la piété généreuse de leur maître, firent chacun présent d'une riche chasuble.

(1) Édit. 1639.
(2) Flambes, iris ou glaïeul (Dict. Nap. Landais.)

Bon nombre d'habitants des environs, venus à l'occasion de ce prodige pour vénérer l'image miraculeuse, éprouvèrent des effets sensibles de la faveur divine, et firent pénitence de leurs fautes. On rapporte en particulier que les prières adressées à Marie en cette circonstance, firent cesser une très-grande sécheresse qui brûlait jusqu'aux racines des plantes.

Le fait que nous venons de rapporter, peut paraître indifférent en lui-même, mais il n'était en quelque sorte que le prélude des bienfaits plus éclatants par lesquels Dieu voulait glorifier sa sainte Mère et signaler ce sanctuaire à la piété des fidèles.

Une fête fut instituée, pour conserver la mémoire de cette merveille. Elle se célèbre et s'est toujours célébrée, dit Lebeuf, le second mardi de Mai, jour anniversaire de ce fait miraculeux. C'est pour ce motif qu'elle est appelée fête de Notre-Dame-des-Vertus, et l'on voit par plusieurs passages de l'office de cette solennité, qu'il est fait allusion à ce qui se passa dans ce jour mémorable.

Presque au même temps, le Maréchal de Toulouse passant sur la chaussée du Bourget, rencontra sur sa route une troupe de pèlerins. Il s'enquit, dit la chronique, où tendait tel nombre de forains, et comme on lui répondit, qu'ils allaient rendre honneur à la Vierge au village voisin.

> Ce Maréchal soudain vint la tête à hausser,
> Comme s'il eût voulu de leur vœu se gausser;
> Mais ne le porta loin.....

Une enflure s'étendit aussitôt sur son corps, et mit ses jours en grand danger. Comprenant alors que Dieu le punissait de sa faute, il promit, s'il guérissait, d'aller rendre hommage à Notre-Dame-des-Vertus:

> Au même instant guérit, et la vint visiter,
> Et son pourtraict de cire au temple fit porter.

(1) *Hist. du diocèse de Paris.*

On rapporte encore que l'enfant d'un mercier de la ville de Saint-Denis, étant tombé dans la rivière s'y noya. Son corps ayant été tiré de l'eau, fut porté par son père au village des Vertus, et déposé sur l'autel de la Vierge. Tandis que cet infortuné père la priait de ranimer le corps de son enfant, celui-ci revint tout à coup à la vie, en présence d'un grand nombre de témoins. A la suite de ce miracle, les merciers du pays, reconnaissants, formèrent une Confrérie en l'honneur de la Vierge, qui subsistait du vivant de l'auteur auquel nous empruntons ces particularités.

Ces événements eurent, on le pense bien, un grand retentissement, et contribuèrent à accroître, dans l'esprit des chrétiens, l'estime qu'ils avaient conçue pour la Dame de ce sanctuaire. Aussi vit-on, en 1529, toutes les paroisses de Paris s'assembler en la Cathédrale Notre-Dame, et se rendre de là en pèlerinage à l'église d'Aubervilliers, avec une telle quantité de torches et de flambeaux, que les habitants de Montlhéry crurent le feu dans Paris. Cette procession avait pour objet de supplier la sainte Vierge d'arrêter les progrès de l'hérésie, dont les partisans commençaient à causer des troubles dans la capitale.

L'an 1582, le 21 février, Dieu fit un nouveau miracle en ressuscitant un enfant mort-né du village de Saint-Leu-Taverny. Pierre Dardet et Marie Perron étaient les noms du père et de la mère. Bons chrétiens tous deux, ils eurent la pensée de faire porter leur enfant mort en naissant à la chapelle de Notre-Dame-des-Vertus. A genoux, un cierge à la main, ces hommes de foi supplièrent Marie de ressusciter l'enfant. Plusieurs autres personnes qui se trouvaient dans l'église se joignirent à eux, et c'est tandis qu'ils étaient ainsi prosternés, qu'on vit tout à coup les paupières de l'enfant se mouvoir, ses yeux s'ouvrir, ses petits bras s'étendre, ses mains se joindre et se tourner, ainsi que ses regards, vers l'image de la Vierge, comme s'il eût voulu la remercier de lui avoir rendu la vie. Un prêtre lui donna aussitôt le baptême, pendant que le peuple chantait des hymnes d'action de grâces et que les cloches, en signe d'allégresse, mêlaient leurs sons aux joyeux carillons :

> Par l'espace d'une heure, on n'oïoit que le son
> Des cloches qui sonnoient en branle et quarillon.

Le prêtre qui baptisa l'enfant s'appelait Jean Blouin ; le curé d'alors était Bertrand d'Imbonnet ; le parrain se nommait Bastian Sébastien et la marraine Rachel Gilbert, sage-femme d'Aubervilliers.

L'auteur cite encore d'autres témoins auprès desquels on peut, dit-il, s'informer de la vérité du fait, preuve qu'il vivait peu de temps après cet événement. Voici les noms de ces témoins, dont la plupart sont encore portés par des familles du pays : Pierre et Denis Lenoir, Pierre l'Escuyer, Mathurin Bouthier, Cosme Habert et Jean Chainevière.

Le nombre des pèlerins allant toujours croissant, on s'occupa, dès le quinzième siècle, de reconstruire l'église dans de plus larges proportions, et c'est, sans doute, pour aider aux frais de construction de cet édifice, que le cardinal d'Estouteville, légat du Saint-Siège, étant à Paris, accorda, en 1542, cent jours d'indulgence à ceux qui visiteraient, certains jours de fêtes désignés, l'église paroissiale d'Aubervilliers, du titre de Saint-Christophe, et l'*aumôneraient de leurs biens*.

Pendant toute la période que nous venons de parcourir, la paroisse fut administrée par des prêtres séculiers, dont le dernier fut, suivant Piganiol, Jacques Galemant, docteur en théologie, ou, suivant les registres de l'archevêché, Guillaume de la Farge, auteur de plusieurs ouvrages.

En 1616, la cure d'Aubervilliers fut unie à la Congrégation de l'Oratoire, non sans une vive opposition du curé et des habitants. Cette union se fit à la sollicitation de

François de Montholon, seigneur d'Aubervilliers, et fut confirmée par le pape Grégoire XV en 1622 (1).

Les Pères de l'Oratoire se montrèrent dignes, par leur science et par leur piété, du choix qu'on avait fait d'eux, et sous leur gouvernement, le pélerinage contiua à être très-fréquenté.

Huit prêtres furent d'abord attachés au service de l'église, mais ce nombre fut successivement augmenté et porté jusqu'à vingt-et-un, sans compter quatre frères chargés de la sacristie. Les exercices de dévotion y étaient fréquents ; les offices s'y célébraient avec beaucoup de pompe, comme au temps, dit l'auteur du *Supplément aux antiquités* de Du Breul, où l'église était administrée par des prêtres séculiers.

Outre les fêtes de la Sainte-Vierge, reçues par toute l'Église, on y célébrait solennellement, chaque année, le dernier dimanche de janvier, la fête des Grandeurs de Jésus ; le second mardi de Mai, celle de Notre-Dame-des-Vertus ; le 25 Juillet, celle de Saint-Jacques et de Saint-Christophe, patrons de l'église ; celle de la Mère de Dieu, le dernier dimanche de septembre (2).

Des tableaux suspendus aux murs de la chapelle, des inscriptions gravées sur des tablettes de marbre, un petit vaisseau en bois peint, des bras en cuivre et en argent, des béquilles, attestaient tout à la fois les grâces nombreuses accordées par Marie, et la reconnaissance des fidèles (3).

La statue de la Vierge était couverte d'une riche parure consistant principalement en couronnes, colliers, cœurs, crucifix, médailles, etc. ; mais arriva la Révolution, qui dépouilla ce sanctuaire de toutes ses richesses, et interrompit le cours des manifestations pieuses qui avaient pour but d'honorer la Mère de Dieu.

(1) Lebeuf.
(2) Offices propres de N.-D.-des-Vertus.
(3) Archives déposées à l'Hôtel-de-Ville.

On vit alors combien la foi avait jeté de profondes racines au cœur de la population. L'église avait servi de lieu de réunion pour des fêtes toutes profanes ; des harangues républicaines avaient été prononcées du haut de la tribune sacrée ; l'orgue, qui n'avait prêté jusqu'alors l'harmonie de ses sons qu'aux hymnes pieux, avait été forcé de mêler sa voix aux bouffonneries des révolutionnaires ; des bals avaient été tenus dans le lieu saint ; la Vierge, bannie de la chapelle qu'elle s'était choisie pour demeure de prédilection, avait été brûlée ; enfin, pour comble de profanation, l'idole impure de la Raison avait reçu sur les autels du vrai Dieu de sacriléges hommages et un encens profanateur.

Révoltées par tant d'abominations, un certain nombre de femmes courageuses se rendirent à la Convention afin d'obtenir que l'église fût mise à leur disposition pour y chanter les louanges de Dieu. Leur démarche réussit, à la grande satisfaction des habitants du village. Ce fut un touchant et navrant spectacle que celui de ce troupeau fidèle, privé de son pasteur, chantant dans le temple désolé les cantiques du Seigneur, le priant avec larmes de rendre à son temple les anciennes solennités, et de mettre fin aux discordes qui déchiraient notre malheureux pays. Les jours de la colère divine étant passés, on s'occupa de restaurer l'église, qui avait souffert de graves dommages ; la période de reconstruction commença pour se continuer jusqu'à nos jours. Ces travaux devaient précéder et préparer la restauration du pèlerinage que nous voyons commencer dès-à-présent. Déjà plusieurs paroisses se sont rendues processionnellement en ce lieu qu'on peut appeler la terre des miracles, et cette année même, une des plus considérables de Paris, représentée surtout par un grand nombre de jeunes filles, et ayant à sa tête son digne curé, est venue déposer aux pieds de Notre-Dame-des-Vertus, l'hommage de son respect et de son amour. Le cardinal Mathieu, archevêque de Besançon, appelle cette église son église de dévotion, et, quand ses nombreux devoirs n'y mettent point obstacle, ce pieux prélat aime à y venir célébrer le saint sacrifice de la messe. Mais ce qui témoigne par dessus tout de la grande vénération qu'on a conservée pour ce sanctuaire, c'est l'affluence des pèlerins qu'on y remarque chaque année, le second mardi de Mai, jour de la fête de N.-D.-des-Vertus. Ce jour est surtout celui où les mères chrétiennes viennent lui consacrer leurs jeunes enfants en leur faisant baiser son image, celui où l'on demande des grâces de guérison pour ceux qui souffrent, en lui présentant les linges destinés à envelopper leurs membres malades ; et si des *ex-voto* ne couvrent plus comme autrefois les murs de la chapelle, le concours persévérant des fidèles, malgré les vicissitudes des siècles, n'est-il pas une preuve suffisante de la foi qui anime leurs prières, et, par suite, des faveurs qu'elles leur obtiennent de la miséricorde divine implorée par Marie.

Il nous reste maintenant à faire connaître l'église du pèlerinage dont nous venons d'esquisser l'histoire.

Piganiol dit qu'elle ressemble plutôt à une cathédrale qu'à une église de village; mais ni lui, ni d'autres n'en ont donné la description : nous allons tâcher d'y suppléer. L'église, construite en forme de vaisseau, occupe, au centre de la ville, une surface de 40 mètres de long sur 22 de large, mesurés en dehors des contreforts extérieurs.

Elle est entièrement isolée des maisons qui l'environnent, par suite des récents travaux qui ont dégagé l'aile droite des constructions qui y étaient contiguës. La façade en pierre de taille, comme tout le reste de l'édifice, se développe sur une petite place carrée qui servait autrefois de cimetière. Elle se compose de deux grandes baies plein cintre, séparées par une longue table saillante, dans lesquelles sont pratiquées les portes d'entrée, et dont la partie supérieure est ornée de niches où l'on voyait autrefois représentés saint Jacques et saint Christophe, patrons de la paroisse. Chaque baie est couronnée d'une autre table saillante ; au dessus, règne une corniche d'ordre dorique avec frise ornée de moulures. Enfin, à la partie supérieure de la façade, s'élève une grande niche surmontée d'une croix et soutenue par des consoles formant de grandes volutes renversées. La Vierge y apparaît sur un fond d'azur, les bras étendus, la tête légèrement inclinée (1). Ce portail est d'une simplicité pleine de bon goût, et bien en rapport avec la destination de l'édifice. Il a été probablement construit en même temps que le clocher ; Piganiol dit qu'on y travailla sous le règne de Henri II, et nous verrons que le clocher date précisément de cette époque.

Un peu en saillie de la façade, à l'extrémité du collatéral du Midi, s'élève une tour carrée de 30 mètres de hauteur. Elle est flanquée à ses angles de petites tours quadrangulaires dont les arêtes sont amorties symétriquement par des pilastres superposés qui varient d'ordonnance. Les pans de ces tours se rétrécissent en s'élevant et expirent à une certaine hauteur, tandis que les pilastres d'ordre ionique, prennent plus de relief et sont couronnés par une frise à denticules qui règne sur tout le pourtour du clocher. Enfin, au dernier étage, de longues fenêtres plein cintre sont percées dans le massif de la tour. La flèche qui la surmonte a 9 mètres ; ce n'est pas assez, car elle paraît un peu écrasée.

Malgré ce défaut, cette tour dans son ensemble est d'un effet imposant, et contribue principalement à donner

(1) Cette Vierge a été donnée par M. le maire de la commune.

à l'édifice un aspect monumental. On commença à la bâtir en 1541, sous le règne de François Ier, et on la termina sous le règne de Henri II. Un petit coffret en bas-relief placé au bas du clocher porte encore cette date, mais le croissant dont il était surmonté et qui indiquait suffisamment le temps de Henri II a disparu.

A l'intérieur, le vaisseau est divisé en trois nefs par deux rangées de piliers courant parallèlement de l'ouest à l'est. Il est aisé de reconnaître au premier coup d'œil, que ces nefs appartiennent à l'époque de transition, dite de la Renaissance, car on y voit le plein cintre, à côté de l'ogive et des ornements du quinzième siècle. Neuf piliers, d'une élégante structure, soutiennent de chaque côté la voûte de la nef principale et la séparent des ailes. Ces piliers, taillés en losanges, sont terminés par des chapiteaux peu saillants sur lesquels viennent s'appuyer les formerets ainsi que les doubleaux et les arêtiers des bas côtés. A l'intérieur de la grande nef, de petits piliers ou jambages couronnés d'une imposte partent de ces chapiteaux et vont recevoir la retombée des arcs de la grande voûte.

Cette voûte à ogive obtuse est particulièrement remarquable par les sculptures qui la décorent. Les arceaux, formés de moulures prismatiques, se partagent en branches nombreuses, qui s'entre-croisent, et forment comme un lacis de nervures ornées, à leurs points d'intersection, de rosaces découpées à jour et de clefs pendantes couvertes de ciselures. Une de ces clefs mérite une mention spéciale. Elle est divisée en trois compartiments, dans lesquels on aperçoit les figures en relief de la Vierge tenant l'enfant Jésus dans ses bras, de saint Jacques, un bâton à la main; et de saint Christophe, portant le Christ sur ses épaules. Un auteur compare avec raison ces pendentifs aux stalactites que la nature se plaît à suspendre aux voûtes de certaines grottes. Malheureusement plusieurs de ces blocs sculptés ont été brisés pendant les mauvais jours de la Révolution, ou sont tombés entraînés par leur propre poids.

L'abside est éclairée par une large croisée divisée verticalement en trois jours par deux meneaux prismatiques au-dessus desquels s'étagent trois cœurs disposés en triangle. Elle est décorée d'une grande verrière où sont représentés, au milieu, Jésus-Christ debout et tenant dans ses mains le livre des Évangiles ; à droite et à gauche saint Jacques et saint Christophe, tous deux à genoux : le premier tel que nous le dépeint la légende, le second, s'entretenant avec la Sainte Vierge qui lui apparaît.

L'autel qui occupait auparavant le fond de l'abside est adossé au mur de la nouvelle sacristie ; il est en marbre blanc ; deux anges adorateurs en garnissent les côtés. La hauteur de la nef sous voûte est de 12 mètres.

Des fenêtres de même style que celle du chevet éclairent les bas-côtés dont les voûtes sont soutenues par des arcs doubleaux pleins cintre, et par des arêtiers qui se coupent en diagonale. Le bas-côté droit renferme la chapelle dite de Saint-Louis, parce qu'elle fut autrefois placée sous le patronage de ce saint : ce que rappelle un saint Louis en miniature dessiné au tympan du vitrail qui surmonte l'autel. Le bas-côté gauche contient l'autel et le monument du pèlerinage. Ce monument est formé d'une arcade à ogive supportée par des colonnes décorées de fleurs, et couronnée par un fronton portant une rose en tympan. Les rampants chargés de crosses étagées les unes au-dessus des autres se terminent supérieurement par un bouquet. La Vierge est placée au milieu. L'ancien monument tel que nous le représente une gravure que nous avons sous les yeux, n'avait pas cette disposition. Sous une archivolte plein cintre, reposant sur deux pilastres, apparaissait la Vierge-Mère assise sur des nuages, tenant dans sa main gauche une branche de lis, et soutenant de la droite l'enfant Jésus debout sur ses genoux. Deux anges placés au pied du monument étaient prosternés devant celle que l'église appelle la Reine-des-Anges et semblaient inviter à la prière. Une riche balustrade, offerte par son Em. le cardinal Mathieu, ferme cette chapelle. Telle est à peu près, dans ses principaux détails, l'église d'Aubervilliers, dédiée sous l'invocation de saint Jacques et de saint Christophe, mais plus communément appelée Notre-Dame-des-Vertus.

Nous avons dit, qu'à partir des années qui suivirent la Révolution, on s'occupa de réparer les dommages que la main du temps et celle des hommes, plus promptement dévastatrice, y avaient faits. Les vitraux ayant été brisés par les terroristes, les habitants se cotisèrent pour les rétablir. Les plombs des toitures ayant été enlevés, la charpente se détériora ; il fallut la refaire en partie (1). Le clocher, gravement endommagé faisait craindre pour sa solidité ; on le restaura en 1844, ainsi que la façade. Enfin, les collatéraux, où l'on avait fabriqué du salpêtre pour les armées de la République, ne se soutenaient plus qu'au moyen d'étais placés de distance en distance, comme autant de béquilles, aux endroits les plus dégradés ; ils furent reconstruits en entier, celui du Nord en 1854, celui du Midi en 1864. L'État, la commune, la fabrique et les habitants ont contribué aux frais nécessités par ces travaux. A diverses reprises, le vénérable monsieur Escaille, curé d'Aubervilliers depuis plus d'un quart de siècle, a fait appel à la générosité de ses paroissiens, et autant de fois ils y ont répondu par leurs largesses. La fabrique, grâce à la prudente économie de ses membres, a pu subvenir à une partie de ces dépenses et employer à d'utiles travaux les deniers qu'elle avait su mettre en réserve par une sage

(1) Archives.

administration. L'honorable maire de cette commune et MM. les conseillers municipaux ont acquis aussi des titres à la reconnaissance du pays, pour avoir si bien compris et servi ses plus chers intérêts, en lui restituant, rajeuni, un temple auquel se rattachent de si glorieux souvenirs.

Cet édifice, qui a presque recouvré son ancienne splendeur, semble inviter, par un appel muet, à le venir visiter. Puissent, comme autrefois, de nombreux fidèles se presser dans son enceinte ; puissent tous ceux qui viendront y invoquer la Mère des Grâces, sous le titre de Notre-Dame-des-Vertus, être exaucés dans leurs vœux et faire connaître par leur reconnaissance que ce temple est toujours un sanctuaire où Dieu se plaît à répandre ses faveurs ! La bénédiction qui vient de lui être donnée par le vénéré prélat qui gouverne ce diocèse, contribuera sans doute à préparer ces heureux jours.

www.ingramcontent.com/pod-product-compliance
Lightning Source LLC
Chambersburg PA
CBHW061613040426
42450CB00010B/2465